JN024927

3

15世紀に建てられたワマンガ大聖堂と中央広場。

民芸品の宝庫
アヤクーチョ

南米ペルーのアヤクーチョで作られる
数々の民芸品。
色鮮やかな毛糸から生まれる
アヤクーチョ刺繍も、
自然に囲まれた
この美しい町で生まれました。

アンデスの山々にたたずむ女性。　　　　　　　　作業にでかける男性達。

アヤクーチョの歴史

　アヤクーチョ（Ayacucho）は、南米ペルーの首都リマから飛行機で45分、アンデス山脈に囲まれた標高2731mに位置する美しい街です。この街の歴史は古く、1500年以上になります。アヤクーチョは、西暦500年〜900年頃、現在のペルーを中心にアンデス地域に広がる帝国を築いたワリ文化の中心地として栄え、その後誕生したインカ帝国、そしてスペインの統治を経て、現在にいたります。

　アヤクーチョという名前がこの街についたのは1825年になります。1824年、南米の植民地の人々がスペインの植民地支配からの独立を求めた戦争で、アヤクーチョの丘が最終決戦の場となりました。戦地となったこの地で、独立と引き換えに命を落とした犠牲者を偲び、現地のケチュア語でAya（死者、死）そしてKucho（隅、片隅）を意味する名前がつけられたのです。

　1980年代後半、ゲリラ勢力センデロ・ルミノソの本拠地としてアヤクーチョは再び歴史の表舞台に登場します。この内戦では罪のない多くの人が犠牲になり、住んでいた土地を追われました。アヤクーチョの人々も同様の被害にあったのですが、ゲリラの本拠地があったため、内戦鎮圧後もゲリラ勢力との関係を疑われ、最近にいたるまで差別をうけることがありました。一方で、このような厳しく閉鎖的な状況は、アヤクーチョの人々が伝統工芸に情熱を傾ける原動力となりました。

　こうした歴史的な背景により、アヤクーチョでは、ワリ文化、インカ文明、そしてスペイン文化が融合した数々の素晴らしい伝統工芸品が生み出されました。その種類の多さから、今日では「民芸品の首都」と称されており、それぞれの民芸品に特化した村が美しい緑の谷間に点在しています。

悪い精霊から家を守るためや子孫繁栄の願いを込めて屋根に置かれる陶器。

アヤクーチョの民芸品

　主な民芸品としては、「箱型祭壇」、ワマンガ郡で産出される鉱物の「石細工」「陶芸品」、羊、アルパカ、ビクーニャの毛を原料とした「織物」、タラと呼ばれる現地の木を使った「木彫り」、そして「アヤクーチョ刺繍」があります。

石細工・陶芸品・木彫り

　アヤクーチョ県の北部にあるワマンガ郡では、アラバスターと呼ばれる白や薄いピンク色の美しい鉱物が採れ、これを使った教会やキリスト誕生の場面を再現した繊細な彫刻の石細工が有名です。また、教会や牛をかたどった陶芸品も人気で、お守りや悪霊を払うものとして使われています。この他にも、タラ、パウカ、ウンカという3種類の木を使ってアンデスの植物や動物をモチーフにした美しい木彫りのカラトリーを手作業で作ったものもあります。

神がいると信じられている教会をあらわした陶器の置物。

アンデスのフォルクローレの楽器工房をあらわした楽しいレタブロ。

箱型祭壇

　日本では箱型祭壇として紹介されるレタブロは、植民地時代にスペイン人が持ち込んだキリスト教の携帯用の祭壇が独自に進化したものです。もともとはキリスト誕生など宗教的な場面を木製のミニチュアの家の中で再現していましたが、最近では日常生活を再現したものも多く見受けられます。また、箱型祭壇にある花やツタ模様はアヤクーチョ刺繍にも反映されています。

織物

　ペルーの織物は 2000 年以上の歴史があります。アヤクーチョでは、羊やアルパカやビクーニャの織物が有名で、精密で美しい織物が足踏み式の高機で織られています。

アヤクーチョ郊外の小さな村で作られるカラトリー。

7

ペルーの刺繍

　自然豊かなペルーは、右の図にあるように大きく砂漠が広がる沿岸部のコスタ地域（黄色）、アンデス山脈が連なる高地のシエラ地域（茶色）、アマゾン川流域のセルバ地域（緑色）の3つに分かれ、それぞれの地域に特有の刺繍があります。

　この中で、一番刺繍が盛んなのがアヤクーチョ県を含むシエラ地域で、フニン県、アレキパ県、ワンカベリカ県などにも刺繍を見かけることができます。この中で、アヤクーチョ刺繍は17世紀の植民地時代前からあった織物の伝統が西洋の技術と出会って生まれたといわれ、独特のステッチとデザインで他の刺繍とは大きく異なります。コスタ地域では、ランバイエケ県以外では、あまり刺繍はさかんではありません。一方、セルバ地域では、アマゾン奥深くに流れるウカヤリ川流域に住む先住民のシピボ族が、彼らの蛇神とも精神世界を表すともいわれる独特な幾何学模様を刺し子のように刺繍をしたものがあります。

1 ランバイエケ
2 ウカヤリ
3 フニン
4 ワンカベリカ
5 アヤクーチョ
6 アレキパ
7 リマ

セルバ地域

コスタ地域

シエラ地域

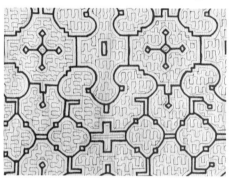

樹液と特殊な泥を使って模様を染めるシピボ族の布。刺繍布と共通のデザインが使われます。

シピボ族の刺繍布。民族衣装の腰巻として使われます。

アヤクーチョ刺繍のポーチの数々。華やかな色使いと
可愛らしいデザイン。

刺繍を楽しむアヤクーチョの女性達。

アヤクーチョ刺繍

　スペイン統治下では、多くのアンデスの伝統的な手工芸は禁止されたと言われていますが、刺繍はその対象とはなりませんでした。アヤクーチョでは、母親から娘へとその技法が伝えられました。

鳥と花のデザイン。

モチーフ

　アヤクーチョ刺繍のモチーフは、アヤクーチョにある植物、花、鳥などの自然と文化に大きく影響されています。例えば、丸い花弁の花はパンジー、とがった花弁はひまわり、ハート形の花弁はカーネーションを表しており、他にもマーガレット、ゼラニウム、西洋朝顔、ダリアなどのデザインも見受けられます。そして、その周りには、蝶や鳥などのモチーフが入ることがあります。

　花やマメ科の植物などのデザインは、ワリ文化やナスカ文明の多彩色の土器に共通するといわれています。また、装飾に用いられるツタ模様は、箱型祭壇のデザインに由来しています。この他、ワリ文化の土器にみられる神々や幾何学模様、インカの十字架（chacana）、三角や円などが使われています。

素材

　糸は、羊毛やアルパカの毛糸の他に化繊の毛糸も使われています。また、糸の太さは中細が一般的ですが、作品やデザインによって細い糸も使われます。刺繍をする生地は、民芸品では羊毛の布や織物が使われていますが、用途によりジーンズ生地なども使われ、多様になっています。

毛糸独特の温かみのある刺繍。

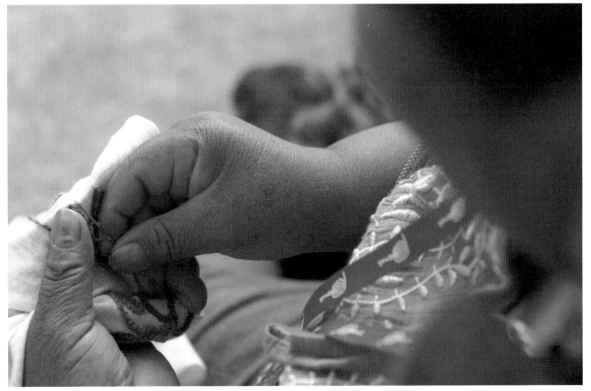

一針一針、丁寧に刺して作られている。

アヤクーチョで作られたベッドライナー。ほとんどがプント・クレスポのステッチで作られている。

アヤクーチョで作られたクッションカバー。プント・クレスポとプント・レジェーノのステッチを組み合わせている。

ステッチ

アヤクーチョ刺繍によく使われる代表的なステッチは2つあります。1つは、プント・レジェーノ（Punto Lelleno）で、もう一つはプント・クレスポ（Punto Crespo）です。ちなみに、プントはスペイン語で「ステッチ」を意味し、レジェーノは「中身が詰まった」、クレスポは「縮れた」となります。

プント・レジェーノは、ふっくらとした立体的な仕上がりとなる幾つかのステッチの総称になります。花のステッチは、ロングアンドショートステッチ、丸はサテンステッチと似ていますが、糸の刺し方や引き加減に違いがあり、それらのステッチとは別物となります。プント・レジェーノは、花や丸をふっくらとさせる作品を作るときに使われます。

もう一つのプント・クレスポは、刺す向きによって、ステッチが横に並ぶものと、縦に並んでいくものがあります。横の場合は、8が並んだように見え、縦の場合は、チェーンステッチに似た印象になるのが特徴です。この本では、プント・クレスポ（ヨコ）とプント・クレスポ（タテ）という名前で分けています。プント・クレスポ（ヨコ）は、幅が大きめの線や花・葉・蝶・鳥などの形の面を埋めるのに使われます。プント・クレスポ（タテ）は主に線を表す時に使います。

本書では、基本の章の前半でプント・レジェーノ、後半でプント・クレスポの刺し方について詳しく説明し、アヤクーチョ刺繍の基本的なステッチを学んでいきます。

また、これらの他にも、よく使うステッチとして、プント・パレスティーノ（Punto Palestino）、プント・アトラス（Punto Atrás）、プント・コミーノ（Punto Comino）、プント・グサーノ（Punto Gusano）の4つがあります。プント・パレスティーノ以外は、一般的な刺繍で使われるステッチと同じなので、わかりやすさを優先して、読者の方に馴染みのある名称で記載しています。プント・アトラスはアウトラインステッチ、プント・グサーノはバリオンステッチ、プント・コミーノはフレンチノットステッチとなります。植物の枝やツタには、プント・パレスティーノやアウトラインステッチを使うことが多いです。また、花の中心や装飾では、バリオンステッチ、フレンチノットステッチが使われます。これらのステッチで枝やツタに添うように多くの装飾をつけると、アヤクーチョ刺繍らしい印象になります。

アヤクーチョ刺繍
花の図案集
Diseños de Flores para Bordar

a

図案 ▶ p.90

花の図案 1

Diseño de Flor 1

b

アヤクーチョ刺繡のモチーフは、アヤクーチョの植物、花、
鳥など自然を図案化しています。p.17、p.19 と同じ図案
をプント・クレスポ（横）をメインに刺繡したもの。

図案 ▶ p.91

c

p.17 と同じ図案で配色をかえて刺繍しています。　図案 ▶ p.90

花の図案 2

Diseño de Flor 2

a

p.17 〜 p.23 の中心の花は、すべて西洋朝顔がモチーフとなっています。
図案 ▶ p.92

b

c

p.20、p.21 は全て同じ図案。　図案 ▶ p.92

花の図案 3

Diseño de Flor 3

太さの異なる糸を組み合わせて作った作品。
暖かみがありつつも繊細な印象に。
図案 ▶ p.93

小さな植物図案 1

Diseños de Plantas 1

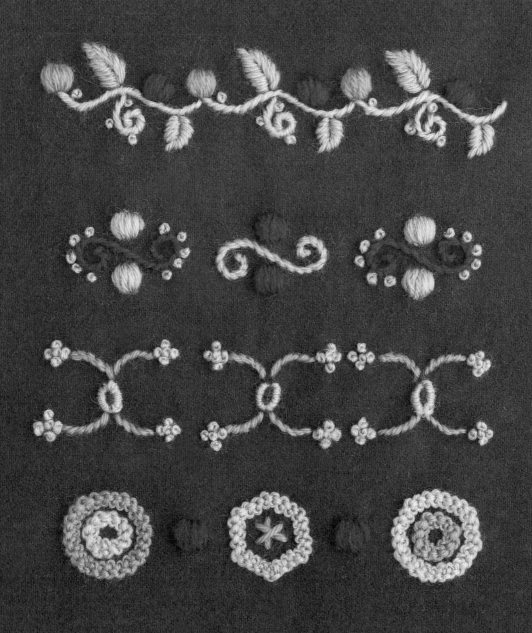

小さな図案は、帯状に繰り返すことで連続模様で楽しむこともできます。
アヤクーチョ刺繍では、植物と並び、幾何学模様もよく使われます。

図案 ▶ p.89

小さな植物図案 2
Diseños de Plantas 2

蔦をイメージしたこれらの模様は、箱型祭壇の装飾に由来します。
作り手が自然と一体化したいという気持ちの表れともいわれます。
図案 ▶ p.88

材料と道具

右列上から　デニム、ポリエステルスエード、
　　　　　　カラーフラノ、ウール
左列上から　ウール、シーチング、フェルト

布

従来は、ウールやアルパカの織物に刺繍をすることが多かったので
すが、最近では様々な布が使われています。本書では、ウールを中
心に様々な素材の布を使用しています。太い糸は厚手の布との相性
が良いです。掲載作品を参考にお好みの布で楽しんでください。

毛糸

一般的に、中細や合太の毛糸が使われている印象が強いのですが、実際には、様々な太さと素材の糸が使われます。太さは極細から合太、素材はアクリル、ウール、アルパカなど様々。本書では、中細のアクリル毛糸「ピッコロ」を主に使っています。

アクリル糸

a ハマナカ　ピッコロ（中細）
b ハマナカ　ティノ（極細）
c ペルー製アクリル糸（極細）
d ペルー製アクリル糸（中細）

アクリル以外の毛糸

e リッチモア　パーセント（合太）
f ペルー製アルパカ糸（細）

ペルー製の糸の購入、
問い合わせ
http://www.hiloiro.com

道具

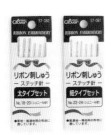

針

針穴が大きくて針先が尖っている針を使います。本書では、三條本家みすや針やクロバーのリボン刺繍針（シェニール針）を使用。合太糸、中細糸では20号、細糸、極細糸では22号を使っています。針に毛糸が通しにくい時は、二つ折りにした毛糸の折山から針に通すか、糸通しを使ってください。

刺繍枠

ペルーでは枠を使わずに刺繍することが多いですが、お好みで使用してください。

はさみ

布用と毛糸用があると便利。

図案の写し方

アヤクーチョでは、刺繍用のチャコペーパーを使うのが一般的です。
ここでは、布の素材、厚み、色によって写しやすい方法を選んでください。

チャコペーパーを使う

チャコペーパーの色数が多いので布色を選びません。
薄手厚手両方の布に使えますが、厚手の布ではかなり強めにトレースする必要があります。

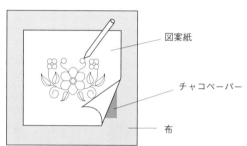

- 厚手の布には着色の強い「コスモ刺しゅう用コピーペーパー」がおすすめ。

- 色が濃く毛羽が多い布では、図案を写した後、「Uni ball Signo」の銀や金のペンで図案をなぞると見やすくなります。

1 写した図案紙に、隙間なく透明のテープを貼りつける。図案がやぶれるのを防ぐ。

2 布と図案の間にチャコペーパーを挟み、全てがずれないように固定してから、ボールペンやトレーサーで図案をなぞる。

ソフトトレーシングペーパーを使う

布の厚さやデザインの細かさを選ばず綺麗に写すことができます。
ただ、図案写しマーカーがみえない濃い色の布にはむきません。

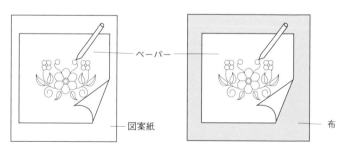

1 図案の上にペーパーを置き、図案写しマーカーで線をなぞる。

2 写し取ったペーパーを刺繍をする布にのせて、図案写しマーカーで再度図案をなぞると、布に転写される。

ソフトトレーシングペーパー
チャコエース「ムーンベール」

Motivos Básicos
基本のモチーフ

丸

4弁花

葉っぱ

8弁花

飾り

丸、4弁花、葉っぱ、飾り

アヤクーチョ刺繍によく登場するモチーフとステッチを説明します。
モチーフに立体感を出す刺し方に特徴があります。

丸

いろいろな図案に登場する基本のモチーフ。立体的にきれいに仕上げるために、中央のステッチはふんわりと糸を渡し、円の端では少し引き気味にする。サイズが違っても、目数をかえて同じ方法で刺す。

直径 1cm

1 まずは中央に土台を作る。円の中央に 3 目刺す。

2 1のステッチに垂直に 3 目刺す。土台の完成。

3 1から針を出し、円の中央に、ふんわりと糸を渡す。

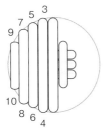

4 中央から左端へ向かって上下に糸を渡して埋める。

5 中央から右端へ向かって上下に糸を渡して埋める。

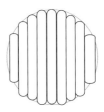

6 円のモチーフの完成。膨らみが足りない時は、中央に再度、糸を渡す。

・刺繍見本（p.30、p.36）はハマナカ　ピッコロの糸を使用。実物大で掲載。

4弁花

花びらを全て刺し終えてから、花芯を刺し埋める。花びらの中央では、ふんわりと糸を渡し、端は糸を引き気味にするときれいに仕上がる。サイズが違っても、目数をかえて同じ方法で刺す。

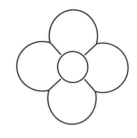

1 　まずは中央から左半分をステッチで埋める。花びらの頂点1から針を出して、真下へ入れる。

2 　2つめ、3つめのステッチは、1で渡した糸の真下に長さを変えて刺す。

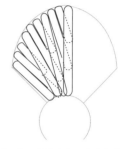

3 　1〜3を1セットとして、左へ向かって面が埋まるまで繰り返す。

4 　右側は、1つめを最短として、1〜3を1セットとする。

5 　右へ向かって面が埋まるまで繰り返す。膨らみが足りない時は、花びらの中央に糸を渡す。

6 　同様に4つの花びらを刺し埋めたら、花芯はフレンチノットステッチで埋める。

葉っぱ

植物の図案が多いのでよく登場するモチーフ。形やサイズが違っても、
同じ方法で刺す。どの目も強く引き過ぎず、ふんわり刺す。

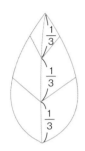

1　葉っぱの中央と葉脈に補助
　　線を書く。

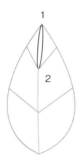

2　葉っぱの頂点から補助線に
　　沿って、1目刺す。

3　3から針を出し、2と同じ
　　所に針を入れる。

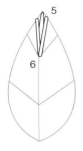

4　補助線の右側で、3と同様
　　に1目刺す。

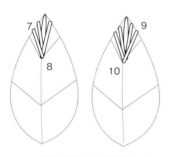

5　補助線の左右の順に、空
　　いたスペースを埋めていく。

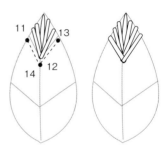

6　何目刺すかは、スペースに
　　よって違ってくる。多い場
　　合は2から少しずつ下がる。

7　上部が刺し終わったら、左、
　　右の順に1目ずつ刺し埋め
　　ていく。

8　全て刺し終わったところ。

飾 り

アヤクーチョ刺繍の飾りに使う一般的なステッチ

アウトラインステッチ

枝や輪郭の縁取りなど、線を表現
する時によく使われる。

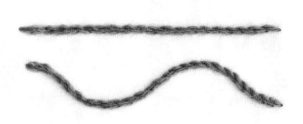

1 1から針を出し、2に針を
入れる。

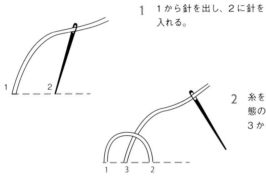

2 糸を下側に少し垂らした状
態のまま、1と2の半分の
3から針を出す。

3 1目進んで半分戻るを繰り
返す。

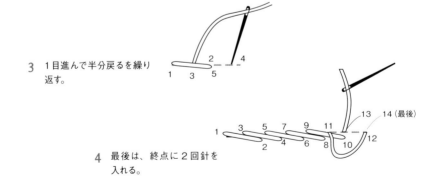

4 最後は、終点に2回針を
入れる。

フレンチノットステッチ

花の中心を刺し埋める時や丸や曲線
の装飾によく使われる。

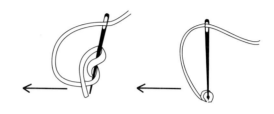

1 　1から出す

2 　針を布に寝かせ
　 るように置き、
　 針先に糸を1〜
　 3回巻き付け
　 る。

3 　糸を矢印の方へ
　 ひっぱりながら、
　 針を1のすぐ横
　 に入れる。

4 　糸は矢印の方へ引っ
　 張ったまま、針を布
　 に垂直に刺して、布
　 の裏に出す。

5 　完成。

バリオンステッチ

フレンチノットステッチと同様に、
花の中心を刺し埋める時や丸や曲線
の装飾によく使われる。

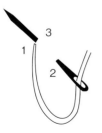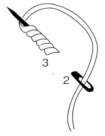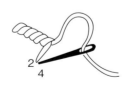

1 　1から針を出し、2、
　 3と布をすくう。

2 　2〜3の針目より少
　 し長めに糸を針先に
　 巻く。

3 　針に巻いた糸を指で軽
　 く押さえて針を抜き、も
　 う1度2と同じところ
　 に針を入れる。

4 　完成。

8弁花

a

a

b

b

花びらが8枚の花モチーフ。花びらの刺し方は2種類あります。
1色で刺す場合、3色で刺す場合など、色数によって印象が変わります。
4弁花と同様に、花びらを刺し終えてから、中心を刺します。

8弁花 ＜ a ＞

aの花びら1枚の刺し方。どの目も、強く引き過ぎず、ふんわり刺す。
全ての花びらを同様に刺す。

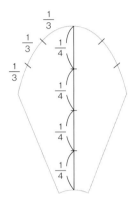

1　上側の曲線と中心線に補
　助線を書く。

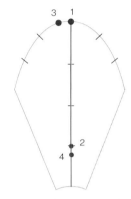

2　頂点に針を出し、2に針を
　入れる。次に1とすき間が
　あかないように、3から針
　を出して4に針を入れる。

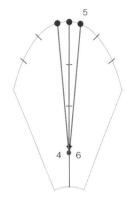

3　1とすき間があかないよう
　に、5から針を出して、6
　に針を入れる。6と4は同
　じ所。

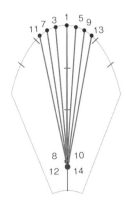

4　2、3と同様に、すき間が
　あかないように、左右交互
　に1目ずつ刺す。

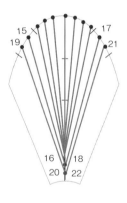

5　15から針を出して16に針
　を入れ、左右交互に2目
　刺す。15、17の目は直前
　の糸に少し重ねるように糸
　を渡す。

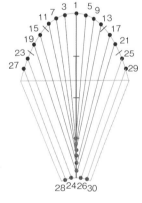

6　23から針を出す。針を入
　れるのは、花びらの底辺上
　に。左側も同様、2目ずつ
　刺す。

・実物大図案は、p.87に掲載の8弁花と同じ。

8 弁花 ＜ｂ＞

ｂの花びら1枚の刺し方。どの目も、強く引き過ぎず、ふんわり刺す。
全ての花びらを同様に刺す。

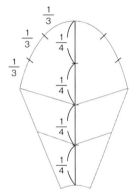

1 　上側の曲線と中心線に補助線を書く。

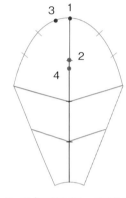

2 　頂点に針を出し、2に針を入れる。次に、1とすき間があかないように、3から針を出して4に針を入れる。

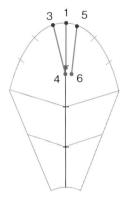

3 　1とすき間があかないように、5から針を出して、6に針を入れる。6は4の右隣。

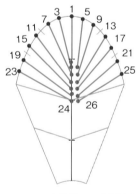

4 　2、3と同様に、すき間があかないように、左右交互にそれぞれ6目ずつ刺す。

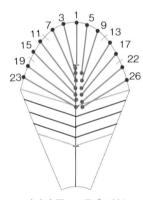

5 　左右交互に3目ずつ刺す。

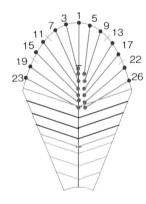

6 　左右交互に3目ずつ刺す。

花の中心

花の中心は、フレンチノットステッチとバリオンステッチ（p.35 を参照）で刺します。
ステッチや色の組み合わせで表情が変わります。
下の見本は、中心が見やすいように花びらを刺していませんが、
実際には、花びらを刺し終わった後に、中心を刺します。

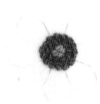

1 フレンチノットステッチ   2 バリオンステッチ＋   3 フレンチノットステッチ＋   4 バリオンステッチ
                              フレンチノットステッチ   バリオンステッチ

8 弁花 < a > 刺し方の応用

花びらの枚数が違っても、p.37 と同じ方法で刺すことができます。
花びらの大きさや糸の太さによって、目数は変わります。

例　p.20、p.21 の 6 弁花を中細毛糸で刺す場合は図のような本数になる

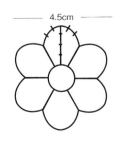
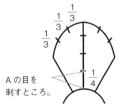
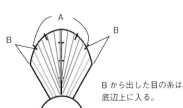

4.5cm

A の目を
刺すところ。

B から出した目の糸は
底辺上に入る。

刺し始め　刺し終わり

１と２は、刺し始めと刺し終わりに使えます。３は刺し始めのみに使えます。

1　玉結び　　糸端に玉結びを作り、布の裏から刺し始める。刺し終わりは、布の裏に玉どめする。

2　すくいとじ　　布の裏で、近くの刺繍を２回ほど方向を変えてすくい、糸を固定する。

3　割り止め　　結び目がないので平らな仕上がりになる。合太、中細の糸に向いている。

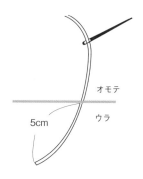

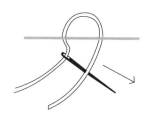

1　表に針を出した時、裏に毛糸を約5cm残しておく。

2　ステッチを刺した後、残しておいた毛糸を針で刺し割る。

3　矢印の方に引っ張り、糸を固定する。

針に毛糸を通す方法

針に毛糸が通しにくい時は、二つ折りにした毛糸の折山から針に通すか、糸通しを使ってください。

Puntos Básicos
基本のステッチ

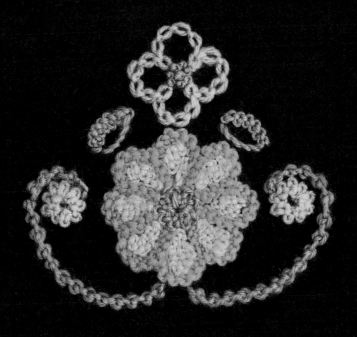

プント・パレスティーノ
プント・クレスポ（タテ）
プント・クレスポ（ヨコ）

基本のステッチ

プント・パレスティーノ

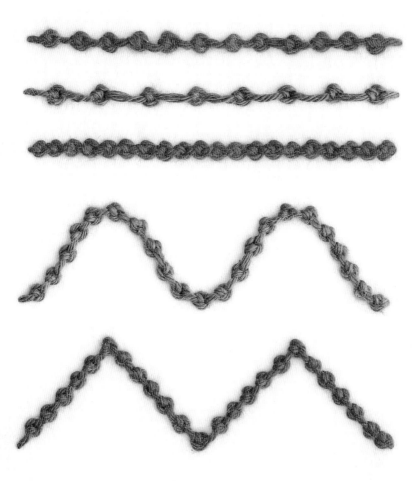

線を表現する時に用いるステッチ。結び目の間隔と大きさを揃えるときれいです。
間隔と大きさを変えることで、違った雰囲気になります。曲線でも刺し方は変わりません。
角のある時は、結び目の丸い部分が角にくると方向転換しやすいです。

プント・パレスティーノ

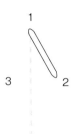

1　1から出て2に入り、3に
　 針を出す。

2　1〜2の糸をすくう。

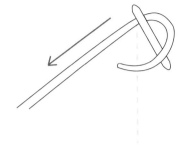

3　矢印の方向へ糸を引く。

4　糸を上から下に回し、再び
　 1〜2の糸をすくい、矢印
　 の方向へ糸を引く。

5　結び目がひとつできたら、
　 糸を真下に軽く引っ張り、
　 丸くなるように形を整える。

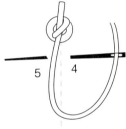

6　少し離れたところに、2つ
　 めの結び目を作り始める。

7　3〜5を繰り返す。刺し終
　 わりは、6に入れる。

ステッチを継ぐ時は●から刺し始
める。

43

プント・クレスポ（タテ）

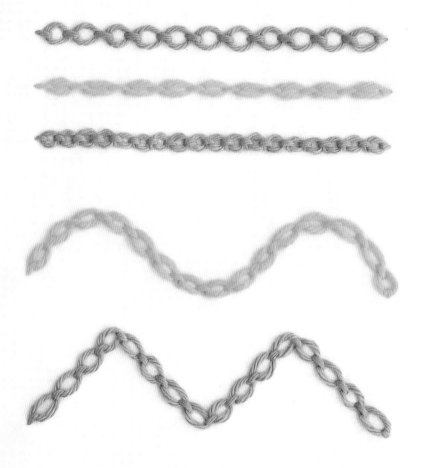

チェーンを丸い形にするのが特徴的ですが、糸の引き加減で形を変えたり、
目の間隔を変えることで印象の違うステッチになります。
曲線でも、刺し方は変わりません。角がある時には、
角にチェーンの端がくると方向転換しやすいです。

プント・クレスポ（タテ）

1　始点から針を出す。

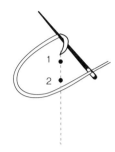

2　針先に糸をかける。

3　針先にかけた糸がたるまないように、1〜2へ針を入れる。

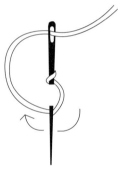

4　針先に糸を時計回りにかけて、針を抜く。この時、強く引き抜かない。

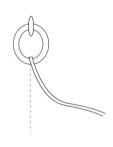

5　形を整えて丸い輪を作る。1つ目の丸ができたところ。

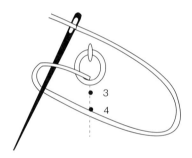

6　2と同様に針先に糸をかける。

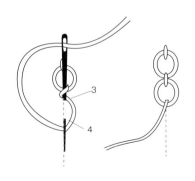

7　3〜4を1目縫ったら、針先に糸を時計回りにかけて、針を抜く。以降は6〜7を繰り返す。

8　ステッチを終える時は、最後の丸の外側に針を入れる。

糸を継ぐ時は●から刺し始める

基本のステッチ

プント・クレスポ（ヨコ）

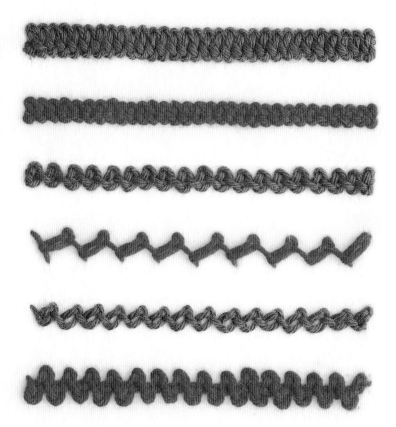

アヤクチョ刺繍でよく用いるステッチ。
ステッチの形が数字の８の形に似ているので、スペイン語で８を意味する「オーチョ」とも呼ばれます。
形が定まりにくいので、糸の引き方などのポイントをおさえて刺して下さい。

プント・クレスポ（ヨコ）

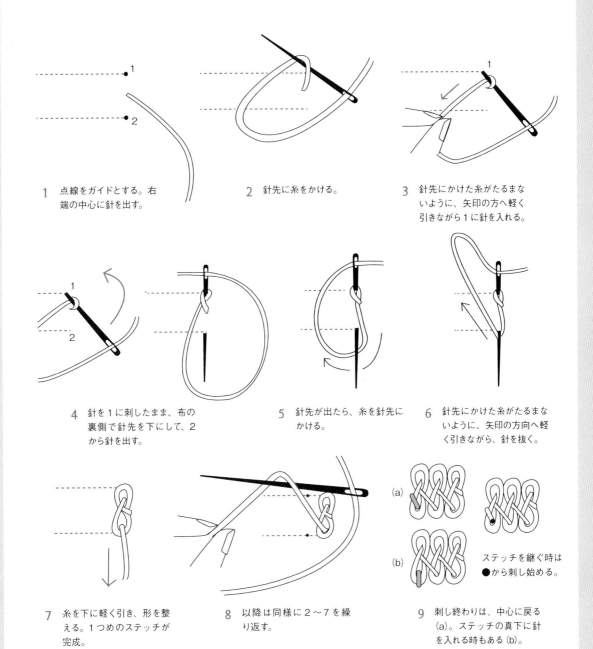

1 点線をガイドとする。右端の中心に針を出す。

2 針先に糸をかける。

3 針先にかけた糸がたるまないように、矢印の方へ軽く引きながら1に針を入れる。

4 針を1に刺したまま、布の裏側で針先を下にして、2から針を出す。

5 針先が出たら、糸を針先にかける。

6 針先にかけた糸がたるまないように、矢印の方向へ軽く引きながら、針を抜く。

7 糸を下に軽く引き、形を整える。1つめのステッチが完成。

8 以降は同様に2〜7を繰り返す。

9 刺し終わりは、中心に戻る(a)。ステッチの真下に針を入れる時もある(b)。

ステッチを継ぐ時は●から刺し始める。

きれいに刺すポイント

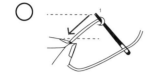 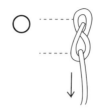

3 のプロセス（p.47）で、糸を引き忘れると、ステッチの上が大きくなってしまう。

7 のプロセス（p.47）で、上に糸をひっぱると、右図のように形が大きく崩れてしまう。正しくは、糸を下に引っぱる。

基本の刺し方

a

b

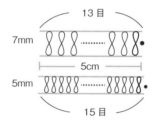

中細毛糸（ハマナカ　ピッコロ）の場合

・ 2 本の線幅は 5mm ～ 7mm を基本とする。
・ 5cm の間に入る基本の目数を目安に刺すときれいに仕上がる。

いろいろな刺し方

● 刺し始め

c

目と目の間をあける。

d

上下の線に対して、目間をあけて斜めに刺す。

e

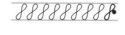
幅を狭くして、斜めに刺す。

f

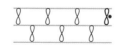
3 本のガイド線を引き、上下交互に刺す。

48

プント・クレスポ（ヨコ）

曲線

曲線では、少しずつ角度を変えて、放射状にステッチを刺していく。

・　刺し始め
―　刺し終わり

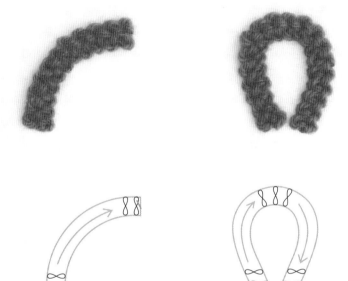

自分から見て右端を始点に刺し進める。これを基本とすれば、左右のどちらの端からスタートしてもOKです。

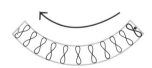

線の凹みを下に見ながら、刺し進める。

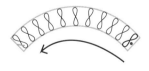

線の凹みを下に見ながら、刺し進める。

円と楕円

・曲線の面が大きい時は、面を分割して刺し埋める。

・分割した面は、外側から内側の順に進めるときれいに仕上がる。

・刺し終わりは、円がつながるように基本の場所ではなく、
　1つめの目の中に針を入れる（何段目でも同じ）。

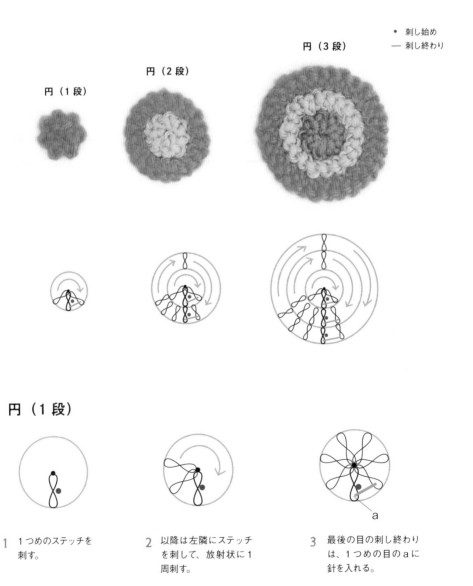

● 刺し始め
— 刺し終わり

円（1段）　円（2段）　円（3段）

円（1段）

1　1つめのステッチを
　刺す。

2　以降は左隣にステッチ
　を刺して、放射状に1
　周刺す。

3　最後の目の刺し終わり
　は、1つめの目のaに
　針を入れる。

a

＊p.50 ～ 53 の糸の色は、刺す順を表しています。
　オレンジ→水色→ピンク

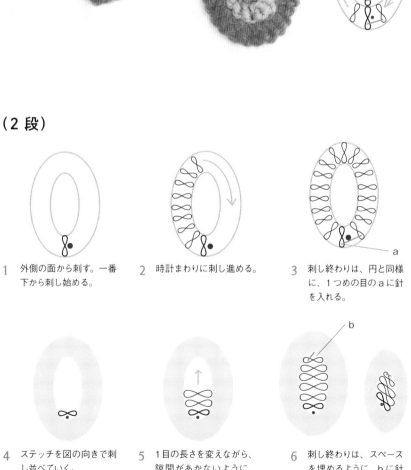

楕円（2 段）　　　　　楕円（3 段）

楕円（2 段）

1　外側の面から刺す。一番
　下から刺し始める。

2　時計まわりに刺し進める。

3　刺し終わりは、円と同様
　に、1 つめの目の a に針
　を入れる。

a

4　ステッチを図の向きで刺
　し並べていく。

5　1 目の長さを変えながら、
　隙間があかないように、
　刺し進める。

6　刺し終わりは、スペース
　を埋めるように、b に針
　を入れる。
　中心の面の幅が狭い時
　には、目を斜めに並べる。

b

プント・クレスポ（ヨコ）

角のある線

角のある線は、面を分割して刺し埋める。
面と面が接してない端からスタートする。

- • 刺し始め
- ─ 刺し終わり

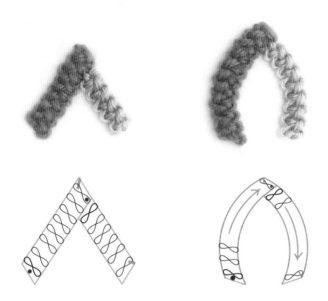

刺し方のポイント

1 **角をきれいに出す**
刺し終わりの場所は、
基本ではなく、図案の角
の点に針を入れる。

2 **面と面をきれいにつなげる**
2面め（水色）の刺し始めを、
1面めの最後の目の中（a）
から出す。

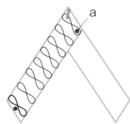

連続した山形の時も、面を分割する。

プント・クレスポ（ヨコ）
角のある面

角のある大きな面は、面を分割して刺し埋める。分割した面は、外側から内側の順に進めるときれいに仕上がる。

例えば、四角b、cの1段めのオレンジの面は、4つに分割して、p.52と同様の方法で1面ずつ刺し埋める。

- 刺し始め
— 刺し終わり

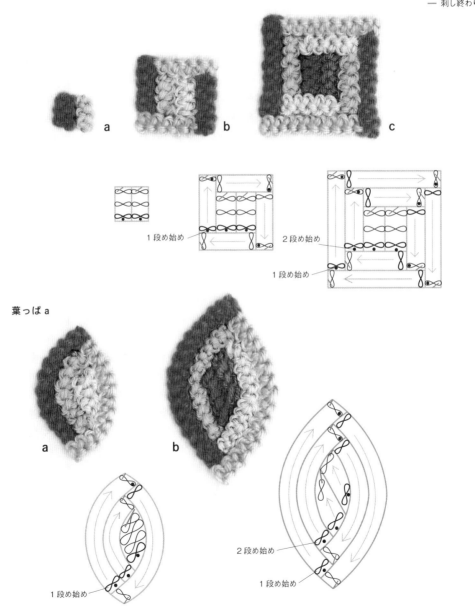

a   b   c

1段め始め   2段め始め

1段め始め

葉っぱa

a   b

1段め始め

2段め始め

1段め始め

葉っぱ a

1 外側を1段めとして、まず
　は1つめの面を刺し埋める。

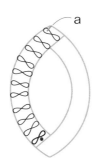

2 1面めの刺し終わりは、輪
　郭が出るように、角aに針
　を入れる。

3 2面めの刺し始めは、1面
　めの最後の目の中bから針
　を出す。

4 刺し終わりは、輪郭が出る
　ように角cに針を入れる。

5 1段めの中が広い時は、2
　つの面に分けて、大きな面
　の方から刺す。

6 小さな面を刺す。

プント・クレスポ（ヨコ）
不規則な形

正方形、長方形、円、楕円のように規則的な形ではなく、角や曲線の不規則な形でも、まずは面を分割し、外側から刺す。

刺し方のポイント
・目の大きさや向きは揃わなくてもよい。
・小さなスペースはフレンチノットステッチで埋める。

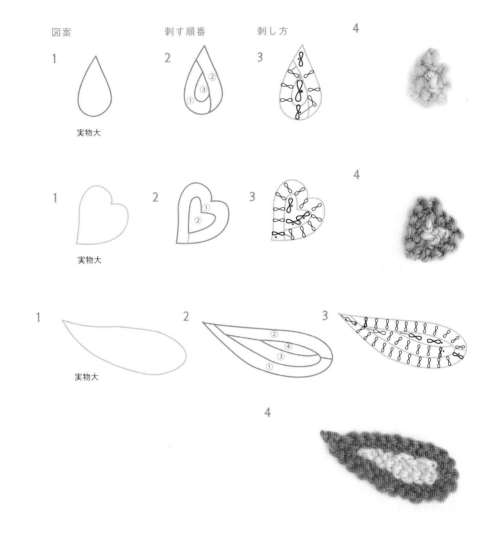

図案　　　　刺す順番　　　刺し方

1　実物大　2　3　4

1　実物大　2　3　4

1　実物大　2　3

4

使用糸：中細毛糸（ハマナカ　ピッコロ）

図案の分割について

・本書のプント・クレスポ（ヨコ）の図案では、あらかじめ分割線を記載しています。

・面の分割の仕方は1つではありません。これらの見本を参考に刺しやすい分割を考えて下さい。

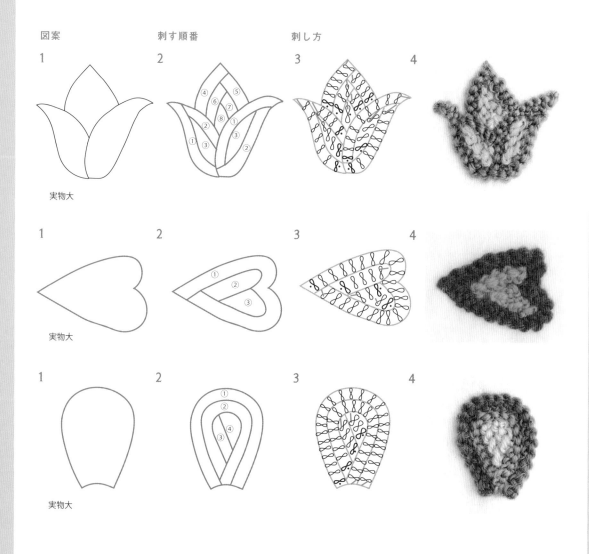

図案　　　　　刺す順番　　　　刺し方

1　　　　　　2　　　　　　　3　　　　　　　4

実物大

1　　　　　　2　　　　　　　3　　　　　　　4

実物大

1　　　　　　2　　　　　　　3　　　　　　　4

実物大

使用糸：中細毛糸（ハマナカ　ピッコロ）

56

アヤクーチョ刺繍の
作品づくり

Muestrario de Bordado
Ayacuchano

Adorno de Pajarito
鳥のマスコット

手の平サイズの鳥のマスコット。ひもをつければ、バッグにつけたり、壁に吊るして楽しむことも。

how to make ▶ p.69　図案 ▶ p.86

Porta Agujas
フェルトのニードルブック

持ち歩きに便利なミニサイズ。
フェルトなので、切りっぱなしで簡単に作れます。

how to make ▶ p.72　図案 ▶ p.85

Marcador de Libro
テープで作るブックマーカー

how to make ▶ p.73
図案 ▶ p.85

Correa
テープで作るベルト

ブックマーカーとベルトは、
杉綾テープに刺繍を
プラスして作るアイディア。

how to make ▶ p.74
図案 ▶ p.85

Cojín
クッション

布の面いっぱいにステッチを埋めつくすのが
アヤクーチョ流。贅沢な印象のクッションに。

how to make ▶ p.76　図案 ▶ p.77

クッションの図案のモチーフを 1 つだけ刺繍したもの。

Cartuchera
花模様のポーチ

how to make ▶ p.82
図案 ▶ p.92

a

花の図案集の2つの図案 (p.18、p.21) をポーチに仕立てました。アヤクーチョ刺繍で一般的な左右対称のモチーフです。

how to make ▶ p.82
図案 ▶ p.91

b

Aplicaciones
花モチーフのアイディア

アヤクーチョ刺繍を象徴する花刺繍を、
シルエットそのままに、ブローチなどに使うアイディア。
自由に色の組み合わせを楽しみましょう。

how to make ▶ **p.78**　図案 ▶ **p.87**

Morral
おでかけポシェット

おでかけに便利なポシェット。
花模様をプント・クレスポ〈ヨコ〉で刺繍しています。

how to make ▶ p.80　図案 ▶ p.87

How to make　作品の作り方

鳥のマスコット p.58　　図案 p.86

● 材料と用具

中細毛糸（詳細は下に記載）
リボン刺繍針20号
布（フラノ）　2枚　各約15cm×15cm
綿　適宜
縫い糸、縫い針、はさみ

● できあがりサイズ

約10cm×10cm×5cm

刺繍

糸　ハマナカ　ピッコロ（アクリル）
色　図に色番号を記載

両面に刺繍をする場合、2枚めは図案を左右反転させて作ります。

● 刺し方

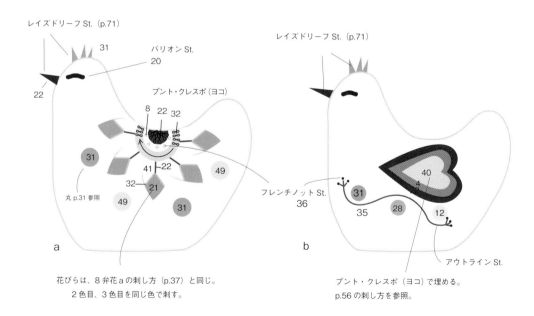

レイズドリーフ St.（p.71）
31
バリオン St.
20
22
プント・クレスポ（ヨコ）
8　22　32
31
41　22
32　21
49
49
31
丸 p.31 参照

a

花びらは、8弁花 a の刺し方（p.37）と同じ。
2色目、3色目を同じ色で刺す。

レイズドリーフ St.（p.71）

フレンチノット St.
36
31
40
4
35　28　12
アウトライン St.

b

プント・クレスポ（ヨコ）で埋める。
p.56 の刺し方を参照。

仕立て

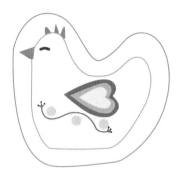

1 刺繍が終わったら、裁断線で切る。

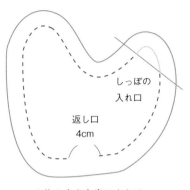

2 2枚の布を中表にあわせて、返し口としっぽの入れ口以外を縫う。

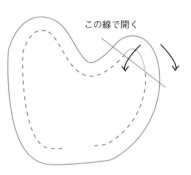

この線で開く

3 しっぽの入れ口の布を外側に折り開く。

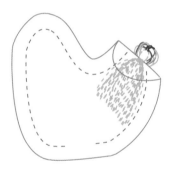

4 毛糸でしっぽを作り、内側から図のように差しこみ、手縫いで固定する。

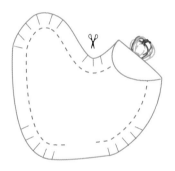

5 曲線のところに切り込みを入れ、返し口から表に返す。

6 中に綿をつめて、返し口を閉じる。

しっぽの作り方

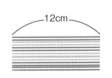

12cm

1 色とりどりの毛糸（12cm）を60本用意する。

2 全ての毛糸をまとめて、中心を糸（縫い糸）で結ぶ。

1cm

3 2を半分に折って、折山から1cmのところを糸（縫い糸）で結ぶ。

レイズドリーフステッチ

まち針を使って、糸で織るようなステッチ。ここでは鳥の口ばしと、とさかに使います。
糸の引き加減を調節して三角をつくりましょう。

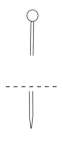

1 口ばしやとさかの長さにあわせて、まち針を刺す。

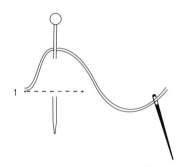

2 1から針を出して、まち針に糸をかける。

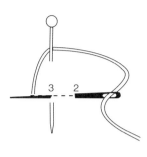

3 まち針に対して、左右等間隔になるように、針を2に入れ、3から出す。

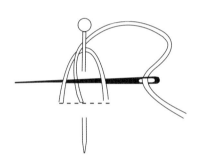

4 引き出した糸をもう1度まち針にかけて、両端の糸を右左の順ですくう。

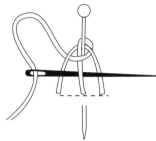

5 中央の糸を左からすくう。

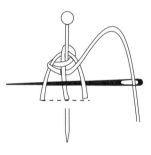

6 両端の糸を右左の順ですくう。

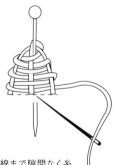

7 点線まで隙間なく糸が渡るように、5、6を繰り返す。刺し終わりは、点線の中央に針を入れる。

8 完成。1でまち針を刺す長さによって、段数は変わる。

フェルトのニードルブック p.59　　図案 p.85

● **材料と用具**

細毛糸（詳細は下に記載）

リボン刺繍針22号

フェルトA　8cm×14cm　1枚

フェルトB　8cm×14cm　1枚

フェルトC　6.5cm×12cm　2枚

縫い糸、はさみ

● **できあがりサイズ**

8m×7cm（とじたところ）

刺繍

糸　ペルー製細毛糸（アルパカ）
　　2本取りで使用

色　イラストを参考にして下さい。

● **刺し方**

・花は8弁花aの刺し方（p.37）を参考に2色で刺す

・線はアウトラインSt.

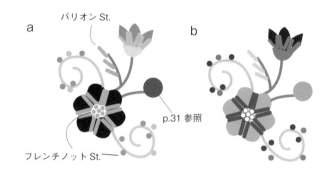

仕立て

1　フェルト A に刺繍をする。

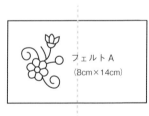

2　フェルト A、B を重ねて、縁にミシンをかける。

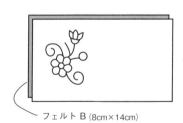

3　フェルトBの上にフェルトC2枚を重ねて、
　4枚あわせて中央を縫う。

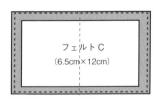

テープで作るブックマーカー p.60　　図案 p.85

● 材料と用具

極細毛糸 (詳細は下に記載)

リボン刺繍針22号

杉綾テープ3cm幅　適宜 (約15cm)

裏布　5cm×12.5cm

縫い糸、縫い針、はさみ

● できあがりサイズ

約11cm×3cm

刺繍

糸　ハマナカ　ティノ (アクリル)

　　*2本取りで使用

a　青 (17)、茶色 (13)

b　黒 (15)、グレー (16)

c　オレンジ (7)、グレー (16)

● 刺し方

・花は8弁花a (p.37) を参考に刺す

・花芯、点はフレンチノットSt.

・線はアウトラインSt.

・丸はp.31を参照

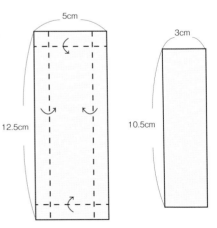

輪郭はアウトライン St.

a　　　　b　　　　c

仕立て

1　杉綾テープに刺繍する。

2　裏布の縫い代 (1cm)
を折り、アイロンをか
ける。

5cm

12.5cm

3cm

10.5cm

3

杉綾テープの裏側に裏布を置いて、手縫い（なみ縫い）で縫い合わせる。

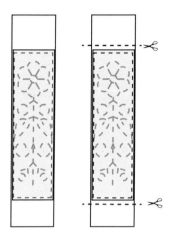

4

杉綾テープの上下の余分なところをはさみで切る。

5

端は、横糸をほつれないところまで引っぱり、切る。

テープで作るベルト p.61　　図案 p.85

● 材料と用具

極細毛糸（詳細は下に記載）

リボン刺繍針22号

杉綾テープ3cm幅　82.5cm 2本

グログランリボン1.6cm幅　60cm　2本

縫い糸、縫い針、はさみ

● できあがりサイズ

3cm×78.5cm（リボン以外の本体）

刺繍

糸　ペルー製極細毛糸（アクリル）

　　2本取りで使用

　　＊ハマナカ　ティノ1本取りで代用可能

色　イラストを参考にして下さい。

● 刺し方

・花びらは8弁花の刺し方a（p.37）を参考に2色で刺す

・葉っぱはp.33を参照

・花芯はフンレチノットSt.で埋める

・線はアウトラインSt.

バリオン St.

バリオン St.

仕立て

1　杉綾テープの端を 4cm あけて図案を配置。1.5cm 間隔で、図のように 4 つ刺繍する。

4cm

1.5
cm

2　刺繍をした杉綾テープの両端を 2cm 折り、それぞれにリボンを縫いとめる。

＊リボンの端に
ほつれどめ液をつける

オモテ

ウラ

2cm

2cm

3　もう 1 本の杉綾テープの両端も 2cm 折り、刺繍をしたものと裏同士で重ねて、
　　端から 2mm 内側を細かくなみ縫いする。

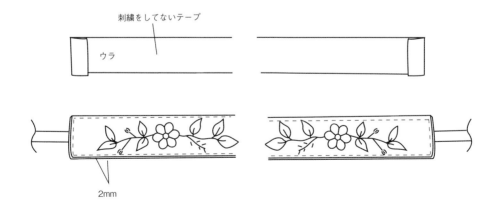

刺繍をしてないテープ

ウラ

2mm

クッション p.62　　図案 p.77

● 材料と用具

合太毛糸（詳細は右に記載）

リボン刺繍針20号

布（ポリエステルスエード）　30cm×70cm

ヌードクッション　25cm×25cm　1個

縫い針、縫い糸、はさみ

● できあがりサイズ

約25m×25cm

仕立て

1　右図を参考に、刺繍した布を裁断する。

刺繍

糸　リッチモア　パーセント（毛）　黄緑14

刺し方は、図案ページ（p.77）に記載。

上下の刺繍は仕立ての時に縫いこまれます。
左右の刺繍は裏面に続きます。

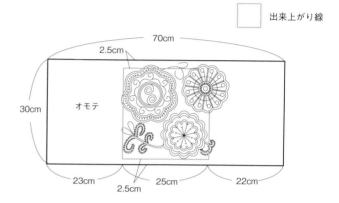

2　長い方の布端は、端ミシンをかける。短い方の布端
　　は、3つ折りで縫う。

3　折れ線のところで、中表に布をたたみ、上下の出来
　　上がり線を縫う。

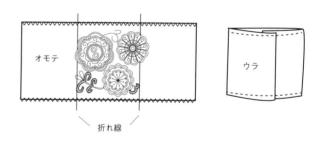

4　表に返し、ヌードクッションを中に入れる。

200%拡大

プント・クレスポ（ヨコ）
応用の刺し方 f（p.48）

バリオン St. で埋める

p.50参照

——————— プント・パレスティーノ

——————— プント・クレスポ（タテ）

——————— プント・クレスポ（ヨコ）

o フレンチノット St.

——————— 出来上がり線

花モチーフのアイディア p.66　　図案 p.87

花モチーフをブローチやヘアゴム、シューズクリップなど、様々な飾りとして使うアイディア。
ここでは、ブローチを例に説明します。

● 材料と用具

中細毛糸（詳細は下に記載）

リボン刺繍針20号

布（綿麻の平織り）　適宜

木工用ボンド

フェルト　適宜

お好みのアクセサリー金具

毛抜き、縫い糸、縫い針、はさみ

● できあがりサイズ

4弁花　約3cm×3cm

6弁花　約4cm×4cm

8弁花　約5cm×5cm

刺繍

糸　ハマナカ ピッコロ（アクリル）

色　お好きな色の組み合わせで

● 刺し方

・8弁花、6弁花ともに、8弁花a の刺し方（p.37）を参考に刺す

・花びらの目数は下記の図を参考に

・4弁花はP.32を参照

8弁花

6弁花a

6弁花b

4弁花

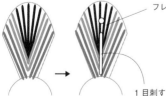

フレンチノット St.

1 目刺す

仕立て

・刺繍する布は、織り目が粗めの平織りの綿麻の布が適している。
・布の種類やボンドのつけ方によって、布の織り糸がうまく引き抜けないこともあるので、
　まずは4弁花で練習をしてみて下さい。

1　4弁花を刺繍する。刺し始めは、割り止め。刺し終わりはすくいとじ(p.40参照)。

2　刺繍の裏側に指でまんべんなくボンドを塗る。布にボンドがつくと布の織り糸が抜けにくくなるので注意する。

3　ボンドが乾いたら、モチーフの輪郭から5mm外側を切り取る。

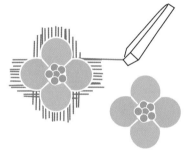

4　毛抜きで布をほぐし、端から布の織り糸を1本ずつ引き抜く。土台の布の糸がなくなるまで、順に引き抜く。

5　ボンドがついたところや糸が残っているところをはさみで切り取り、表から見て刺繍のモチーフだけが見えるように整える。

6　モチーフの輪郭と同じ形にフェルトを切り取り、ブローチ金具を縫いつける。フェルトを花モチーフの裏側にボンドでとめて完成。

● 簡単な仕立て方

・　フェルトに花の刺繍をして、モチーフから2、3mm外側で切り取る方法も。最後は、プロセス6と同様に、ブローチ金具をつけたフェルトを重ねる。表からフェルトが数ミリ見えるが、簡単にモチーフを作ることができる。

おでかけポシェット p.68　　図案 p.87

● 材料と用具

極細毛糸（詳細は下に記載）

リボン刺繍針22号

外袋（フラノ）　45cm×17cm

内袋　45cm×17cm

ふた（フラノ）　16cm×14.5cm

持ち手（フラノ）　107cm×12cm

縫い針、縫い糸、はさみ

スナップ　1コ

● できあがりサイズ

約20cm×14cm×3cm（本体のみ）

刺繍

糸　ペルー製極細糸（アクリル）

2本取りで使用

色　図を参考にして下さい。

＊ハマナカ　ティノ1本取りで代用可能

● 刺し方

・面はプント・クレスポ（ヨコ）で埋める

・花芯はフレンチノットSt.

・線はアウトラインSt.

・丸はp.31を参照

p.56 を参照

仕立て　　外袋、内袋、ふた、持ち手を裁断する。

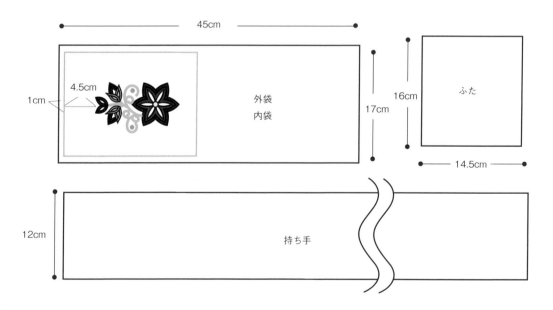

45cm

1cm

4.5cm

外袋
内袋

17cm

16cm

ふた

14.5cm

12cm

持ち手

1 持ち手を縫う
3cm幅に4つ折りにして、端から
2mmのところを縫って、ひもを作る。

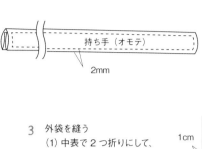

2mm

2 ふたを縫う
中表で2つ折りにして、3辺を
縫ったら、表に返す。

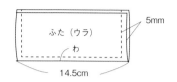

5mm
ふた（ウラ）
わ
14.5cm

3 外袋を縫う
（1）中表で2つ折りにして、
両脇を縫う。
（2）脇の縫い代をアイロン
で割り、まちを縫う。

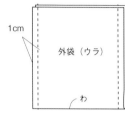

1cm
外袋（ウラ）
わ

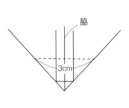

脇
3cm

4 内袋を縫う
外袋と同様に縫い、まちを
作る。

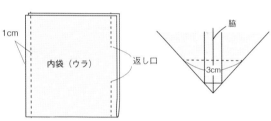

1cm
内袋（ウラ）
返し口

脇
3cm

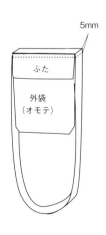

5mm
ふた
外袋
（オモテ）

5 外袋にふたと持ち手を縫い
つける。

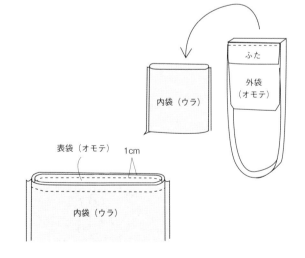

内袋（ウラ）
ふた
外袋
（オモテ）

表袋（オモテ）
1cm
内袋（ウラ）

6 外袋と内袋を中表に縫い合わせ、返し口から
表に返す。
好みでバッグの表からステッチをかける。

花模様のポーチ p.64、p.65　　図案 a p.92 b p.91

● 材料と用具

a

中細毛糸
　（詳細は下に記載）
リボン刺繍針20号
縫い糸、はさみ
表布（デニム）　26cm×15cm
裏布A、B 14cm×15cm　各1枚
ファスナー（12cm）

● 材料と用具

b

中細毛糸
　（詳細はp.84に記載）
リボン刺繍針20号
縫い糸、はさみ
表布（フラノ）　22cm×30cm
裏布　16cm×22cm　2枚
ファスナー（20cm）

● できあがりサイズ

a　できあがりサイズ　9m×12cm×5cm

b　できあがりサイズ　13.5cm×20cm

刺繍　a

図案とできあがり線、裁断線、まちの印を布に写してから刺繍をして下さい。

p.21上と同じ刺繍を刺す。

糸　ハマナカ　ピッコロ（アクリル）

色番号は、p.92の図案bと同じ。

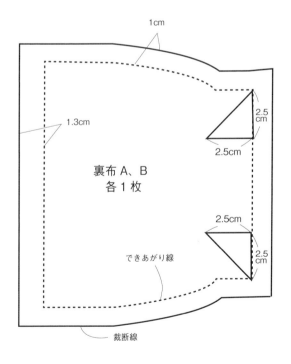

裏布 A、B
各1枚

1cm

1.3cm

2.5cm

2.5cm

2.5cm

2.5cm

2.5cm

2.5cm

できあがり線

裁断線

200%拡大

＊数字は実寸

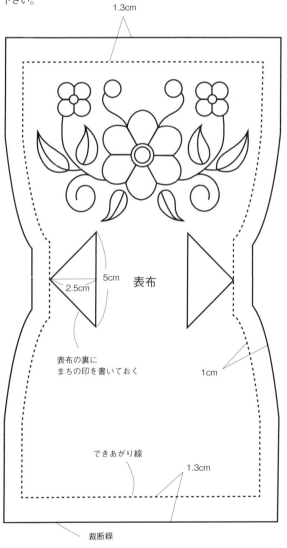

1.3cm

表布

5cm

2.5cm

1cm

表布の裏に
まちの印を書いておく

できあがり線

1.3cm

裁断線

仕立て

・刺繍が終わったら、裁断線で布をカットする。
・ほつれやすい布は、端ミシンをかける。

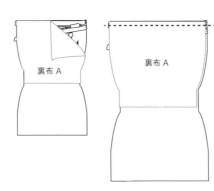

できあがり線で表布を折り、5mm下を縫う

1　表布とファスナーを中表に置き、端から7mmのところを縫う。

2　ファスナーと裏布Aの端を合わせて、端から5mmのところを縫う。

3　表布、裏布A、ファスナーを図のように全て重ねて、表からミシンをかける。

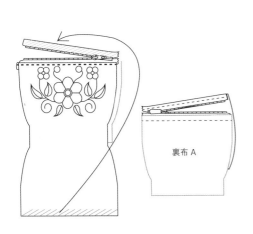

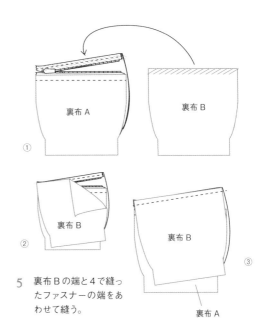

4　ファスナーのもう一方の端と表布の端を1と同様に中表にあわせて縫う。

5　裏布Bの端と4で縫ったファスナーの端をあわせて縫う。

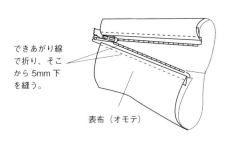

できあがり線
で折り、そこ
から 5mm 下
を縫う。

表布（オモテ）

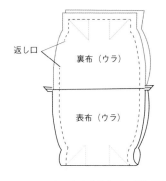

返し口

裏布（ウラ）

表布（ウラ）

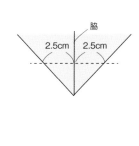

脇
2.5cm　2.5cm

6　表に返して、4と同様に表
　　から縫う。

7　ファスナーを中央にして、返し口以
　　外の表布と裏布の出来上がり線を縫
　　う。ファスナーのところは、表同士
　　が合わさるように折った状態で縫う。

8　表布、裏布のまちを縫ってか
　　ら、表に返す。返し口を縫
　　いとじる。

刺繍　b

p.18と同じ刺繍を刺す。

糸　ハマナカ　ピッコロ（アクリル）
色番号は、p.91の図案bと同じ。

仕立て

刺繍した布を右図を参考に裁断する。
裏布は、16cm×22cmを2枚用意して、
ポーチaのプロセス1〜7と同様に作る。
まちは無し。

裏布 2 枚
16cm×22cm

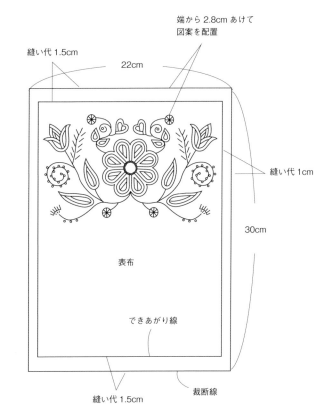

端から 2.8cm あけて
図案を配置

縫い代 1.5cm

22cm

縫い代 1cm

30cm

表布

できあがり線

縫い代 1.5cm

裁断線

図案 アヤクーチョ刺繍の作品づくり

実物大

フェルトのニードルブック　p.59
刺し方　p.72

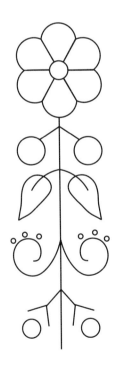

テープで作るブックマーカー p.60
刺し方　p.73

テープで作るベルト p.61
刺し方　p.74

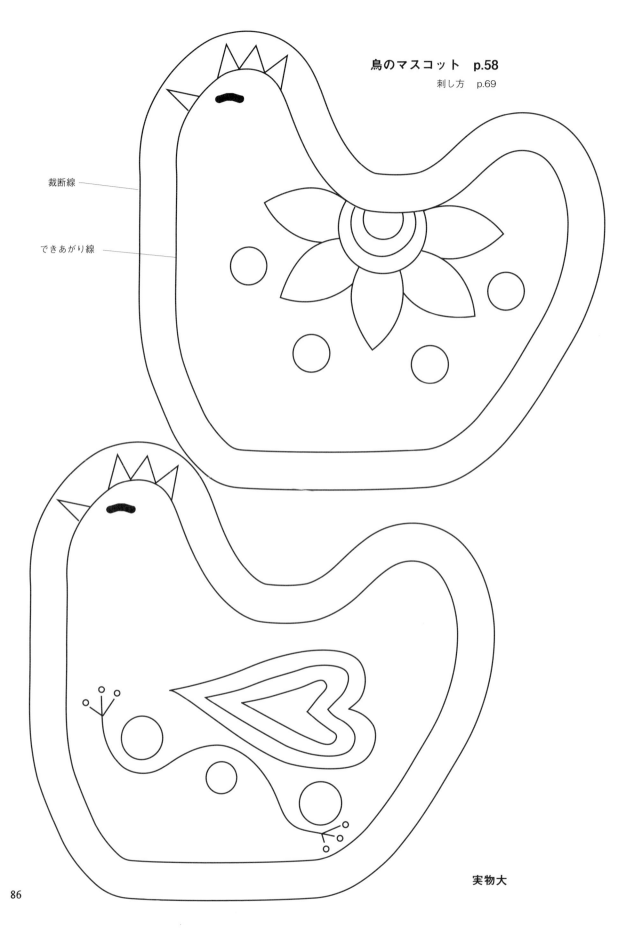

鳥のマスコット **p.58**
刺し方　p.69

裁断線

できあがり線

実物大

おでかけポシェット　p.68
刺し方　p.80

花モチーフのアイディア　p.66
刺し方　p.78

実物大

図 案 花の図案集

- それぞれの刺し方は、完成写真p.17〜25とアヤクーチョ刺繍の基本p.29〜56を参照して下さい。
- フレンチノットステッチは、図案として載せていますが、数や大きさ、位置は目安にして下さい。他の刺繍が出来た後に、見本写真を見ながら、お好みの大きさ（1〜3回巻き）や数で刺すようにしてみて下さい。
- 毛糸で刺繍をすると、出来上がりは図案線よりも大きくなります。

小さな植物図案 2　p.25

糸　ハマナカ　ピッコロ
図に色番号を記載

曲線　アウトラインSt.
○ フレンチノットSt.
－ バリオンSt.

(1) つぼみの刺し方
まずは中央のバリオンSt. を刺してから、両側の2つを刺す。両側は、中央よりも針に糸を多く巻きつけて長い目を作る。

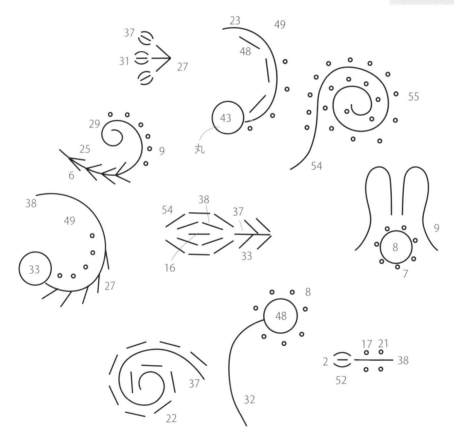

実物大

小さな植物図案 1　p.24

糸　ハマナカ　ピッコロ
（青灰37、えんじ 30、黄緑32、薄茶38）

曲線　アウトラインSt.
○ フレンチノットSt.
― バリオンSt.

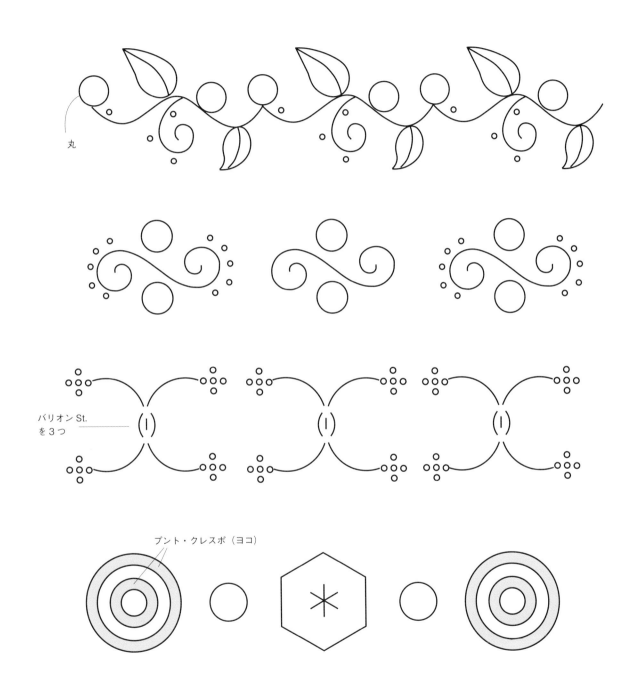

丸

バリオン St.
を３つ

プント・クレスポ（ヨコ）

実物大

花の図案 1

糸　ハマナカ　ピッコロ
図に色番号を記載

・花の中心はバリオンSt.でうめる
・花びらの刺し方はp.37を参照
・枝、茎　アウトラインSt.

○ フレンチノットSt.
━ バリオンSt.

a

p.17

c

p.19

花の輪郭を
アウトライン st.

140%拡大

花の図案 1

糸 ハマナカ ピッコロ
図に色番号を記載

b p.18、p.65

○ フレンチノットSt.
ー バリオンSt.

⊛ →
⊗ →

・花の中心フレンチノットSt.でうめる
・その他の面はブント・クレスポ（ヨコ）で刺す
・枝、茎 アウトラインSt.

実物大

91

花の図案 2

糸　ハマナカ　ピッコロ

図に色番号を記載

・花の中心はフレンチノットSt.でうめる
・6弁花の花びらはp.37の刺し方を参照
・枝、茎　アウトラインSt.

○ フレンチノットSt.
― バリオンSt.

a　p.20　　白 (1)、薄灰 (33)、濃灰 (50) の3色を使用。

b　p.21、p.64

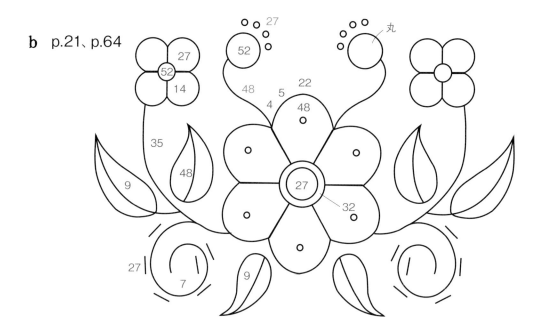

c　p.21

実物大

花の図案 3
p.22

糸　ハマナカ　ピッコロ
　　ペルーアクリル糸（中細）
　　ペルーアクリル糸（極細）

＊ピッコロは、色番号のみ記載
　ペルーの糸は、（極細）と（中細）と記載

丸を刺した後に
輪郭部にそってアウトラインSt.

・花の中心はフレンチナッツSt.でうめる　○フレンチナッツSt.
・花びらの刺し方はp.37を参照　　　　　ーバリオンSt.
・枝・茎　アウトラインSt.

ハートは
フレンチ・クレスポ（ヨコ
でうめる。

実物大

ピンク7（極細）
茶1（極細）
黄2（極細）
赤2（極細）
緑5（中細）

8
1
48
35
9

緑4（中細）
22
33
22
1

茶1（極細）
赤6（極細）

48
38
22
44

44
灰1（極細）
灰3（極細）
37
37
30
25

8
27
1

48

緑1（極細）
緑1（極細）
黄2（極細）

36
37
14
49
31

93